ENFANTS RETOUR présente:

Nous, on en parle!

MARCELLE LAMARCHE
POL DANHEUX

ILLUSTRATIONS
DE TIBO

LES ÉDITIONS DE L'HOMME*

CANADA: 955, rue Amherst, Montréal H2L 3K4

*Division de Sogides Ltée

Couverture
- Conception graphique:
  ANNE BÉRUBÉ
- Illustration:
  TIBO

Maquette intérieure
- Conception graphique:
  LAURENT TRUDEL
- Illustrations:
  TIBO
- Photocomposition:
  COMPOTECH INC.

Équipe de révision
  Anne Benoit, Patricia Juste, Jean-Pierre Leroux,
  Linda Nantel, Paule Noyart, Normand Paiement,
  Robert Pellerin, Jacqueline Vandycke

DISTRIBUTEURS EXCLUSIFS:

- Pour le Canada:
  AGENCE DE DISTRIBUTION POPULAIRE INC.*
  955, rue Amherst, Montréal H2L 3K4 (tél.: 514-523-1182)
  * Filiale de Sogides Ltée

- Pour la France et autres pays:
  INTER-FORUM
  13, rue de la Glacière, 75013 Paris (tél.: (1) 43-37-11-80)

- Pour la Belgique et autres pays:
  S. A. VANDER
  Avenue des Volontaires, 321, 1150 Bruxelles
  (tél.: (32-2) 762.98.04)

Données de catalogage avant publication (Canada)

Danheux, Pol

   Nous, on en parle!

   2-7619-0680-2

   1. Enfants et étrangers. 2. Gardiens d'enfants. 3. Abus sexuels et enfants - Prévention.
4. Violence envers les enfants - Prévention. I. Lamarche, Marcelle. II. Titre.

HQ770.7.D36 1987   613.6   C87-096148-9

Bibliothèque nationale de Québec
Dépot légale - 2ᵉ trimestre 1987

ISBN 2-7619-0680-2

Le coin des parents
et des éducateurs

Nous sommes tous préoccupés par la sécurité de nos enfants et, au cours des dernières années, les événements tragiques qui ont coûté la vie à plusieurs petits Québécois victimes d'enlèvements n'ont laissé personne indifférent.

Il est bien évident que c'est aux parents et aux éducateurs que revient la responsabilité d'éduquer les enfants et de les mettre en garde contre les dangers que notre société présente, mais encore faut-il qu'ils aient en main les outils qui leur permettront de développer, chez ces enfants, une saine méfiance devant chaque nouvelle expérience ou situation potentiellement dangereuse. La clé de la prévention se trouve dans un dialogue constructif, honnête et positif avec l'enfant. *Un enfant mieux informé met toutes les chances de son côté.*

On doit enseigner aux enfants comment reconnaître une situation dangereuse; leur apprendre comment l'éviter si c'est possible et, s'il ne le peuvent, comment réagir pour se mettre hors de danger. Il faut donner aux enfants les moyens de résister à la panique et à l'effroi qui les empêcheraient de réagir adéquatement face à une situation menaçante.

Mais c'est par la confiance en soi qu'un enfant peut s'affirmer et faire des choix judicieux. Plusieurs enfants ont été victimes d'enlèvement parce qu'ils craignaient de dire «non» à un adulte!

La peur et l'insécurité peuvent rendre les enfants vulnérables. Par contre, si on leur apprend, dès leur jeune âge, à s'affirmer et à se faire respecter, à dire «non» quand il le faut, ils trouveront en eux-mêmes les ressources nécessaires pour se protéger.

La meilleure protection que nous puissions offrir à nos enfants consiste en effet à leur apprendre à reconnaître leur valeur personnelle et à développer l'estime de soi qui leur permettra de se faire respecter tout au long de leur vie.

Les règles de prévention contre les assauts et enlèvements, de même que les discussions à propos de sécurité devraient toujours mettre l'accent sur les moyens que l'enfant peut et doit prendre pour se protéger, et non sur les mauvais traitements qui pourraient lui être infligés. Il s'agit en fait de développer chez l'enfant un «système d'alarme» fonctionnant à l'aide de quelques automatismes qui lui auront été inculqués de la même façon qu'on lui a appris à traverser la rue à un feu de circulation (arrêt au feu rouge, départ au feu vert après avoir bien regardé des deux côtés).

*   *   *

Ce livre a été conçu pour que les enfants, les parents et les éducateurs le parcourent ensemble et en discutent. Chaque thème devrait faire l'objet d'une discussion. C'est pourquoi nous reprenons dans ce chapitre réservé aux parents chacune des histoires proposées aux enfants, afin d'y ajouter remarques, observations et suggestions qui viendront nourrir le dialogue qui devrait suivre chaque lecture. Nous conseillons au parent ou à l'éducateur, dans un premier temps, de lire seul l'histoire et son commentaire avant de l'aborder avec l'enfant.

Michèle — Seule dans la voiture (page 11)

Il nous arrive régulièrement de voir des enfants laissés à eux-mêmes dans une automobile, devant l'entrée d'un magasin ou d'une banque. Il arrive que ces enfants quittent l'auto et tentent de rejoindre le ou les adultes qui les accompagnaient. Un adulte ne doit jamais laisser un enfant seul dans une voiture, que ce soit pour éviter ses exigences devant le comptoir des friandises ou pour quelque raison que ce soit. Laisseriez-vous un collier de diamants sur le siège de votre voiture à la vue des passants? La vie et la sécurité de votre enfant n'ont pas de prix. Le fait que les portières soient verrouillées ne constitue en aucune façon une précaution suffisante quand on sait que les cambrioleurs ouvrent une portière, avec certains outils, plus aisément et discrètement qu'avec une clé!

Nous devons préciser que cette histoire n'est pas présentée ici dans le but de laisser croire aux adultes qu'ils peuvent abandonner les enfants seuls dans l'auto en toute tranquillité d'esprit après leur avoir donné comme seule consigne de klaxonner si un inconnu les approche. Ceci n'est qu'une manoeuvre d'urgence pour parer à une situation qui, au départ, ne devrait jamais se produire.

Hubert — L'inconnu du parc (page 17)

Il est important de définir ce qu'est une «personne inconnue». Une «personne inconnue» est un homme ou une femme que vous n'avez pas présenté à votre enfant comme étant un adulte fiable.

On peut proposer à l'enfant une liste de personnes qui sont des adultes fiables et d'autres qui sont des inconnus(es) puis identifier avec lui à quelle catégorie chacun appartient (ex.: l'infirmière de l'école est une adulte fiable — le marchand de glaces, une personne inconnue).

Insistez sur le fait que certaines personnes peuvent nous être familières (voisine, chauffeur d'autobus, etc.) tout en étant des personnes inconnues.

Parlez avec votre enfant de l'aide que les quelques adultes fiables peuvent lui apporter s'il est en difficulté (par exemple un policier ou un grand-parent).

Mettez votre enfant en garde contre les différents appâts qui peuvent lui être proposés et qui peuvent prendre la forme de friandises, d'argent ou d'un petit animal — en fait, tout cadeau provenant d'une personne inconnue.

Toute proposition de la nature de celle qui est faite à Hubert est douteuse et devrait toujours susciter la même réaction: crier «NON!» et rejoindre aussitôt les parents ou une personne fiable pour lui raconter l'incident.

Devant une telle situation — en fait devant toute proposition — votre enfant devrait *toujours* être en alerte et se poser les *trois questions* suivantes:

1. EST-CE QUE ÇA FAIT «OUI» OU «NON» EN DEDANS?
2. EST-CE QUE JE PEUX ÊTRE CERTAIN DE TROUVER DE L'AIDE S'IL LE FAUT?
3. EST-CE QU'UN ADULTE FIABLE SAURA OÙ ME TROUVER SI ÇA VA MAL?

Si la réponse est «non» à au moins une de ces trois questions, cela veut dire qu'il est préférable de dire «non» et d'en parler tout de suite à un adulte fiable.

Vous pouvez reprendre ce petit questionnaire avec votre enfant en inventant d'autres situations qui feraient appel à son «système d'alarme». Il s'agit là d'un excellent exercice qui lui apprendra à reconnaître de lui-même une situation dangereuse.

Puisque tous les inconnus ne sont pas dangereux, ce jeu vous permettra de distinguer, avec votre enfant, les situations dangereuses ou douteuses des situations qui ne comportent aucun danger.

Sophie — Les patins (page 23)

Combien de fois nous arrive-t-il d'entendre: «Les parents de la petite Nathalie sont priés de se présenter...»? Très souvent, les enfants perdus dans les grands magasins sont remarqués par les clients, qui les conduisent ensuite au comptoir le plus proche.

Nous devons veiller à tout moment à ce que nos enfants restent à nos côtés. Il est bon de leur inculquer très jeunes le principe suivant: dès qu'ils ne nous voient plus, c'est qu'ils sont trop loin.

Les centres commerciaux, comme les parcs d'attraction et les lieux publics sont autant d'endroits où les mouvements de foule peuvent nous séparer de nos enfants. Il faut donc redoubler de prudence. Dès l'arrivée dans un centre commercial ou dans quelque grand magasin, vous devez toujours rappeler à votre enfant que, s'il vous arrivait d'être séparés, il devrait se rendre au comptoir et demander à l'employé qui s'y trouve de vous faire appeler aussitôt.

Ceci nous amène à énumérer certains moyens de prévention élémentaires et essentiels:

- Assurez-vous que votre enfant connaît son nom et le vôtre au complet.
- Un enfant doit connaître son adresse (numéro, rue, ville) ainsi que son numéro de téléphone (incluant le code régional).
- Un enfant doit toujours être accompagné d'un parent quand il se rend dans des toilettes publiques.
- Lors de spectacles ou de présentations spéciales au centre commercial ou sur une place publique, ne laissez jamais votre enfant sans surveillance. Il est dangereux de lui dire que vous viendrez le reprendre à telle ou telle heure, car certaines personnes, que vous ne connaissez pas, peuvent vous entendre.
- Dès l'arrivée dans une foire, un parc ou un endroit très achalandé, déterminez exactement, et avant toute chose, l'endroit où vous et votre enfant devez vous rendre s'il arrivait que vous soyez séparés — assurez-vous que chaque membre de la famille a bien compris la consigne.
- Ne jamais proposer à un enfant la voiture ou l'entrée du stationnement comme point de ralliement.
- Bien préciser à votre enfant qu'il ne doit pas se rendre de lui-même au stationnement où

est garée la voiture ou tenter de vous retrouver dans la foule ou dans les allées. Dites-lui bien qu'il ne doit jamais craindre que vous l'ayez oublié.

Roberto — Le téléphone (page 29)

Plusieurs facteurs incontrôlables peuvent causer un retard: ennui mécanique, circulation bloquée, etc. Il est donc essentiel que votre enfant sache quoi faire si, alors que vous lui avez donné rendez-vous à une heure précise, à la sortie de l'école ou du centre sportif, vous êtes en retard.

Il est nécessaire que votre enfant, dès qu'il se sent inquiet, soit dans la possibilité d'entrer en contact avec vous ou avec un autre adulte en qui il peut avoir confiance. Nous vous suggérons d'établir avec lui une liste des numéros de téléphone qu'il devra mémoriser, puis composer en cas d'urgence. Cette liste devrait être affichée à la maison, tout près du téléphone; la même liste devrait également se trouver dans ses effets scolaires. Avant de vous quitter, votre enfant doit toujours savoir *qui* contacter si vous n'êtes pas accessible.

Un enfant seul est toujours plus vulnérable. Établissez avec lui la règle à suivre en cas de retard. Cette règle, que vous établirez selon les circonstances, peut consister à aller retrouver chez eux des parents ou des amis qui habiteraient dans le voisinage, si vous en avez, ou tout simplement, comme dans le cas présent, à rentrer dans l'école pour se réfugier auprès d'une personne fiable, par exemple une secrétaire ou un professeur.

Jane — Madame Pauline (page 35)

Jane a trouvé la solution la plus sûre en se posant les trois questions dont nous avons parlé dans l'histoire d'Hubert à la page 17.

Ça faisait «oui» en dedans d'elle puisqu'elle était très flattée par une telle proposition, mais «non» aussi, car elle n'était pas certaine de trouver de l'aide s'il le fallait, et «non» encore, car un adulte en qui elle pouvait avoir confiance n'aurait pas su où la trouver si elle avait eu un problème.

Madame Pauline est le parfait exemple de la personne familière mais inconnue de l'enfant. Sachez toujours où et avec qui est votre enfant. La situation particulière que nous avons exposée dans cette histoire nous amène à proposer d'autres moyens de prévention:
- Sachez les noms en entier et les numéros de téléphone des amis de votre enfant.
- Tentez de connaître les parents de ces amis afin de pouvoir évaluer s'ils sont des adultes fiables.
- Exigez de votre enfant qu'il vous contacte dès qu'il arrive chez un ami et juste avant de quitter le logis de ce dernier. Accompagnez-le le plus souvent possible ou faites-le accompagner.

Stéphane n'est pas dupe (page 41)

Laisser votre enfant *seul*, *sans surveillance* devant une école ou une maison déserte, c'est lui faire courir un risque énorme. Si vous prévoyez d'être en retard de temps en temps, communiquez avec la direction de l'école ou le comité de parents et tentez de mettre sur pied un système de covoiturage.

Il est peut-être possible également de laisser votre enfant chez un camarade d'école qui demeure plus près et qui pourrait faire le trajet avec votre enfant.

Votre enfant doit savoir que, devant une proposition du type de celle qui se trouve à la base de notre histoire, la réponse est «non», sans hésitation, sans discussion et sans négociation. Afin d'éviter qu'une personne inconnue n'interpelle votre enfant par son nom, n'inscrivez pas celui-ci sur ses vêtements, bonnets, sacs d'école, boîte à lunch, etc. Utilisez plutôt des symboles (deux coeurs, une étoile) que l'enfant aura choisis comme siens.

Martine — Toujours en retard (page 47)

Martine a également fait appel aux trois questions pour en arriver à la conclusion qu'elle ne devait pas accepter la proposition de Gabriel.

On peut noter que cette situation pourrait être parfaitement sûre, comme il se pourrait que les intentions de Gabriel soient tout à fait sincères. Le doute n'en est pas moins là, et, dans notre histoire, Martine a choisi la solution la plus sûre. Certains parents jugeront peut-être que le simple fait de téléphoner pour demander la permission aurait constitué une mesure de prévention suffisante dans les circonstances. L'âge de l'enfant peut entrer en ligne de compte dans l'établissement de la règle à suivre si une telle situation se présente.

Les parents devraient s'assurer de la fiabilité des personnes qui ont la garde de leur enfant, que ce soit l'entraîneur sportif, la gardienne du samedi soir, etc.

Martin — Le chemin convenu (page 53)

Avec votre enfant, établissez clairement des règles quant à l'heure du retour à la maison, l'heure du souper, les endroits qui sont permis et ceux qui sont interdits. Déterminez de façon bien claire qui va chercher l'enfant dans telle ou telle circonstance. Tenez-vous-en strictement à cette entente.

Sachez quel chemin votre enfant parcourt pour se rendre à l'école et en revenir, ou pour se rendre au terrain de jeu. Votre enfant devrait toujours être accompagné d'un adulte fiable. Encouragez-le à se tenir en groupe, avec ses camarades.

Faites ce même trajet avec votre enfant afin de voir s'il est adéquat, suffisamment éclairé. Indiquez-lui les refuges accessibles en cas de danger (commerces, domiciles affichant le symbole de Parents Secours, domiciles d'adultes fiables: parents, amis). L'histoire de Martin apprend à l'enfant qu'il ne doit pas traverser le parc. Ceci pour la simple raison qu'il s'y trouve loin de tous les refuges possibles (habitations, commerces) s'il se sent en danger. Bien sûr, la même règle s'applique aussi aux chantiers de construction et aux terrains vagues de tous genres.

Nathalie et Jean-Louis — Le mot de passe (page 59)

Convenez avec votre enfant d'un mot de passe secret. Votre enfant ne doit, sous aucun prétexte, suivre une personne qui ne donne pas ce mot de passe. Il se peut, par exemple, que vous soyez dans l'impossibilité d'aller chercher votre fils ou votre fille à la piscine et que vous deviez y envoyer une amie fiable avec le mot de passe.

Une fois dévoilé, le mot de passe est aussitôt changé.

Votre enfant doit savoir qu'il n'est pas tenu de répondre à une personne inconnue; qu'il n'est pas «obligé» de s'approcher d'un véhicule.

Établissez avec votre enfant quelles sont les exigences et les limites de la politesse envers autrui. Si votre enfant est en alerte, sans être apeuré, ses réactions à des propositions embarrassantes seront pour lui une bonne protection.

Plusieurs autres situations peuvent être inventées grâce au jeu *Que ferais-tu si...?* Ce jeu permet aux parents de connaître le comportement et la réaction probables de leurs enfants si, par exemple, ils trouvent un paquet d'allumettes, si un incendie se déclenche dans la cuisine, si, en jouant au ballon, celui-ci roule dans la rue, s'ils doivent revenir seuls de chez un ou une camarade de classe alors qu'un adulte devait normalement les ramener, etc.

Cet exercice favorise l'échange d'informations fort précieuses entre votre enfant et vous. Trouvez, ensemble, la seule bonne réponse possible à chacune des questions qui précèdent.

Les parents ont la responsabilité de se tenir informés et de guider adéquatement leurs enfants vers l'adolescence et vers l'âge adulte.

Si nous voulons apprendre à nos enfants à se protéger, sans les effrayer ni les traumatiser, nous devons être à l'écoute de leurs préoccupations et établir un climat de confiance tout en leur faisant prendre conscience du «système d'alarme» qu'ils portent en eux et auquel ils peuvent faire appel en tout temps.

Les enfants qui se sentent aimés et valorisés seront plus ouverts et exprimeront davantage leurs sentiments sans crainte du ridicule ou de l'incompréhension.

Que faire si votre enfant disparaît

1. RESTEZ CALME.
2. TÉLÉPHONEZ aux endroits où votre enfant peut ou devrait être.
3. CONTACTEZ LA POLICE IMMÉDIATEMENT afin que des recherches soient entreprises.
4. AVISEZ VOS VOISINS immédiats; demandez-leur d'utiliser leur téléphone afin de libérer votre ligne téléphonique pour recevoir des appels. Demandez qu'ils fassent des appels pour vous.
5. CONTACTEZ VOTRE FAMILLE et vos connaissances pour obtenir de l'aide supplémentaire.
6. RASSEMBLEZ le plus d'informations possible sur votre enfant afin d'aider les recherches, montez un dossier d'identification (incluant UNE PHOTO RÉCENTE), description des vêtements qu'il portait, ainsi que toute autre caractéristique particulière.
7. CONTACTEZ ENFANTS RETOUR afin d'y inscrire votre enfant. N'hésitez pas à leur demander de l'aide (voir ci-dessous le texte portant sur cet organisme).
8. Demandez à un ami ou à un voisin d'organiser une battue.
9. Si vous soupçonnez un enlèvement par votre ex-conjoint ou votre conjoint, contactez votre avocat le plus rapidement possible; AVISEZ tous les niveaux du Bureau de l'immigration, ainsi que la Gendarmerie royale du Canada et la Sûreté du Québec.
10. FAITES CONNAÎTRE AU PUBLIC, de toutes les façons possibles, la disparition de votre enfant. Par exemple: Affichez des posters avec description et numéro de téléphone de la police, obtenez la coopération des médias pour diffuser sa photo, etc.
11. Si vous le pouvez, demandez l'aide d'un détective privé dont la réputation d'honnêteté est déjà faite et connue.
12. Rappelez-vous que l'important est d'AGIR VITE.
13. SUIVEZ DE PRÈS TOUTES LES RECHERCHES ENTREPRISES; même si vous n'obtenez pas de résultats immédiats, ne désespérez pas et persistez.

ENFANTS RETOUR Québec est un organisme sans but lucratif, fondé à Montréal en 1985, qui s'est donné pour mandat d'assister les parents dans la recherche d'enfants portés disparus à la suite d'une fugue, d'un enlèvement — soit par un parent qui n'en a pas la garde légale, soit par une personne inconnue de l'enfant — ou dans toute autre circonstance.

L'organisme cherche également à sensibiliser la population au problème des disparitions et enlèvements d'enfants, ainsi qu'à diffuser le plus largement possible des moyens de prévention s'adressant aux parents, aux enfants et à la population en général.

ENFANTS RETOUR Québec constitue le maillon québécois d'un réseau qui s'étend à la grandeur du territoire canadien et qui est connu, dans les milieux anglophones, sous le nom de *Child Find*.

Michèle

Seule dans la voiture

De l'autre côté de la vitre, un jeune homme souriant fait des grimaces très drôles. Michèle, installée sur le siège arrière de la voiture, rit beaucoup.

Voilà qu'il recommence... encore... et encore...!

Michèle rit de plus en plus et saute de plaisir, debout sur le siège.

Chez le dépanneur, papa rit beaucoup lui aussi. Il bavarde avec madame Gagné. Celle-ci n'en finit pas de lui raconter les dernières aventures de son chat Gros-Louis.

Le temps passe, mais après tout, rien ne presse.

Dans la voiture, Michèle s'ennuie. Son nouvel ami est parti. Non, le voilà qui revient! Il tient un ballon sous le bras. Toujours aussi souriant, il invite Michèle, avec un signe de la main, à aller jouer dans le parc. Le parc là-bas... juste un peu plus loin?

Michèle est bien tentée. Pourtant, elle hésite.

* Est-ce bien sage de sortir de l'auto et d'aller jouer avec cet inconnu dans le *parc*?
* Ne vaudrait-il pas mieux sortir et aller prévenir *papa*?
* Mais peut-être serait-il préférable de rester bien enfermée dans la voiture et de *klaxonner* pour avertir papa?

Que faire?

Michèle tient la seule bonne réponse. Et toi? Suis le fil...

C'est papa qui a été rapide!

Michèle klaxonnait encore qu'il était déjà près de la voiture. À le voir serrer si fort sa petite fille dans ses bras, on devine son émotion.

Même qu'il en parle tout seul!

Et Michèle est très étonnée de l'entendre se blâmer et promettre de ne plus jamais la laisser seule dans la voiture... que ça ne se fait pas... même avec les portes verrouillées!

Quant au nouvel ami de Michèle, il a disparu!

Curieux ami, n'est-ce pas?

Hubert

L'inconnu du parc

Il n'y a vraiment pas grand monde, aujourd'hui, dans le parc. Une dame est assise sur un banc, là-bas, près d'un gros arbre, et quelques enfants jouent autour de la fontaine.

Derrière eux, sur la pelouse, un grand chien noir et blanc jappe après les écureuils. Plus loin encore, c'est la rue, la circulation, les magasins.

Assis adossé à un érable, Hubert attend ses amis. Il observe la porte de l'épicerie où ils sont entrés.

«Mais qu'est-ce qu'ils font?» se dit-il avec impatience, en ramenant ses genoux contre sa poitrine.

«Dis donc, p'tit gars...?» Hubert sursaute et regarde la personne qui s'adresse à lui.

«C'est mon chien, là-bas... sur la pelouse! Je n'arrive pas à le rattraper. Tu seras récompensé si tu m'aides», continue-t-il en montrant un billet de cinq dollars.

QUE DOIT FAIRE HUBERT?

Voici trois solutions.
Une seule est la bonne.
Fais ton choix.

      * Se mettre à pleurer et rester là.
      * Crier «NON» et rejoindre ses amis au plus vite.
      * Accompagner la personne.

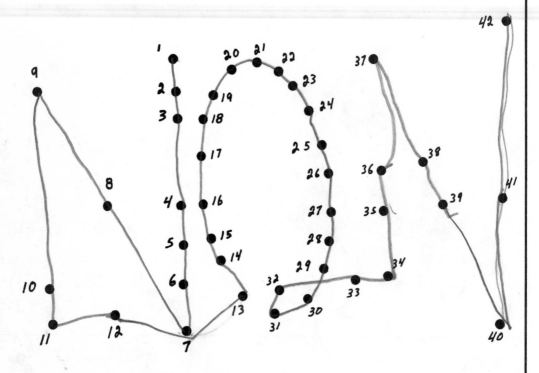

Prends un crayon et relie tous les points du dessin ci-dessus. Respecte bien la numérotation. Tu verras apparaître la bonne réponse.

Un cri très fort — NON! — retentit dans le parc. Sur le banc, sous le gros arbre, la dame assise sursaute et se lève. Les enfants, près de la fontaine, s'arrêtent de jouer. Tous regardent Hubert s'enfuir à toutes jambes et s'engouffrer dans l'épicerie, tandis que l'inconnu s'éloigne à grands pas...

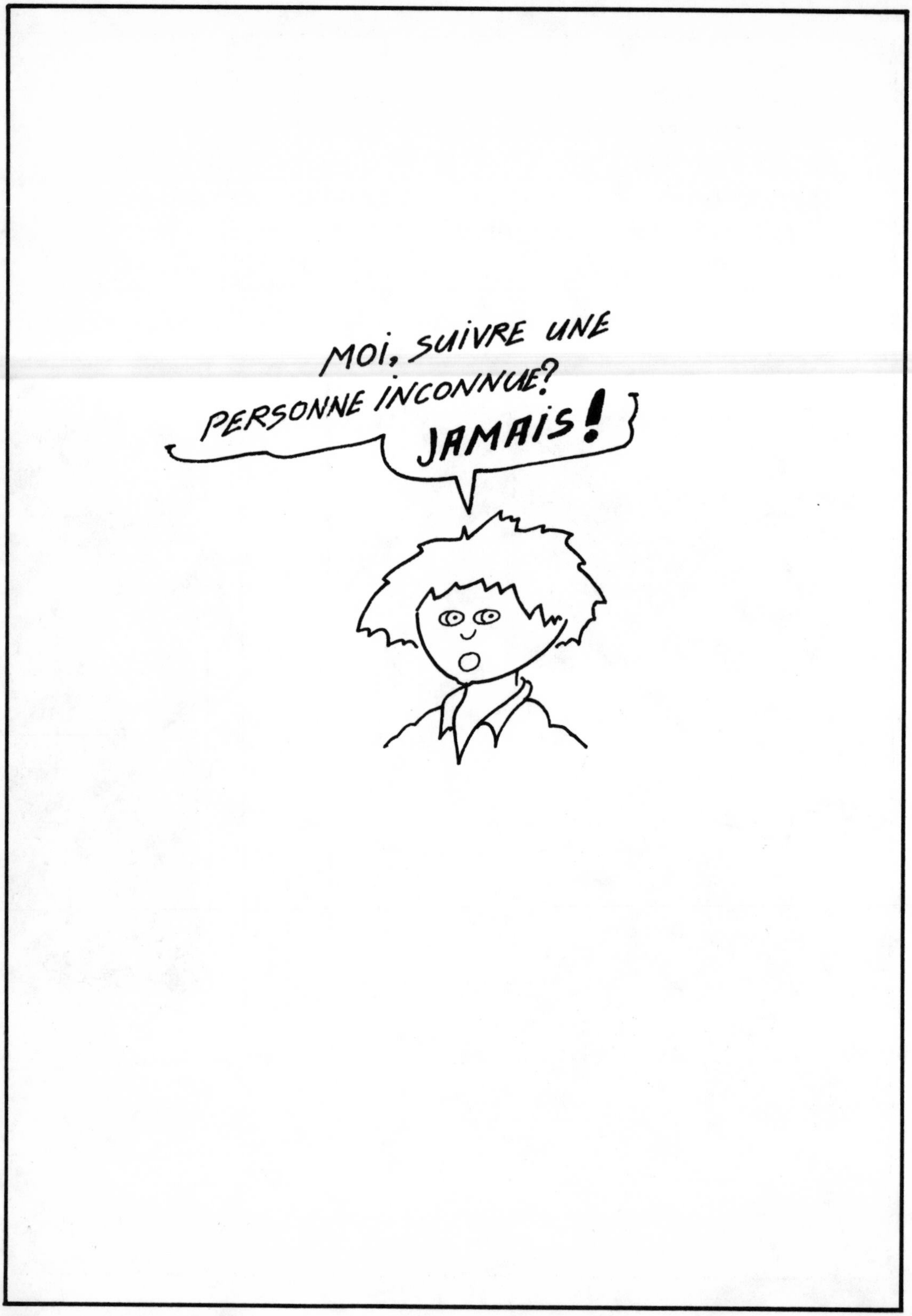
MOI, SUIVRE UNE PERSONNE INCONNUE? JAMAIS!

Sophie

Les patins

Ce sont, à coup sûr, les plus beaux patins du monde. Le nez collé à la vitrine du magasin, Sophie, ravie, n'en finit pas de les admirer.

Derrière elle, les gens vont et viennent dans les allées du centre commercial.

Mais pour Sophie, le temps s'est comme arrêté.

«Maman! Maman! s'écrie joyeusement Sophie en se retournant.

Elle regarde dans la grande allée pleine de monde; Maman n'est plus là.

«Maman!» répète-t-elle presque aussitôt d'un ton plus grave.

Déjà, dans sa gorge qui se serre, Sophie sent monter des sanglots.

Sophie a très peur.
Elle voudrait crier, pleurer, courir partout.
Mais elle dit: «NON!»
«Je sais ce qu'il faut faire mais...
je ne m'en rappelle plus.
Voyons... on en a encore parlé hier...
Ah oui... voilà! Maintenant, je me souviens.»

ET TOI, SAIS-TU CE QU'IL FAUT FAIRE?

COMPTOIR-CAISSE

Dans le centre commercial, une voix qui semble venir de partout annonce:

«Sophie Bernier attend sa maman au comptoir d'information... Je répète... Sophie Bernier attend...

«Comment as-tu fait? demande Maman qui a eu très peur.

— Je suis entrée dans le magasin le plus proche et j'ai dit à une employée que je t'avais perdue.

— Tu n'avais pas oublié! Hé, que tu es donc fine», s'écrie Maman en serrant très fort sa petite fille!

SI TU TE PERDS DANS UN CENTRE D'ACHAT ... FAIS COMME MOI! VA À UN COMPTOIR-CAISSE...
ET DEMANDE À LA PERSONNE QUI S'Y TROUVE DE T'AIDER!

Roberto
Le téléphone

Assis sur son sac d'école, Roberto dessine un dragon à sept pattes dans la poussière du chemin. Derrière lui, la grande école, vidée de ses élèves, est bizarrement silencieuse. Seuls une porte entrouverte et quelques vagues bruits témoignent d'une présence à l'intérieur.

Roberto trouve le temps long.

«Maman m'a peut-être oublié!» se dit-il avec ennui et aussi un petit pincement au coeur. «Qu'est-ce que je vais faire si elle n'arrive pas?»

Et toi, que ferais-tu si tu étais Roberto?

Roberto réfléchit bien fort. Très vite il se souvient.

«On en parlait encore il y a quelques jours à la maison.»
Alors, sans perdre de temps, Roberto se lève, ramasse son sac
et rentre dans l'école.

«Je leur demanderai de téléphoner à la maison, et j'attendrai auprès d'eux», se dit-il en poussant la porte.

Écris tes numéros de téléphone importants dans les bulles.

Jane

Madame Pauline

La petite Jane a un don: elle parle avec les oiseaux. C'est d'ailleurs ce qu'elle fait en ce moment avec un merle bleu. Questions et réponses s'entrecroisent avec vivacité pour le plus grand plaisir de Jane... et du merle aussi.

Du haut de sa galerie, madame Pauline observe la scène. Conquise par la gentillesse du tableau, la vieille dame descend l'escalier et s'approche. Le merle s'envole en rouspétant. Jane se retourne, surprise.

«Bonjour!» dit madame Pauline avec un grand sourire couronné d'un fin duvet blanc. Jane, intimidée, baisse les yeux.

«Je vois que tu sais parler aux oiseaux, continue-t-elle. Moi, j'ai un serin. Un jour, il a cessé de chanter. Je n'ai jamais su pourquoi.»

PEUT-ÊTRE POURRAIS-TU VENIR CHEZ MOI ET LE LUI DEMANDER?

Ce qui arrive à Jane est extraordinaire. Une grande personne qui a besoin d'elle! Jane est très fière. Alors elle regarde madame Pauline bien en face et lui répond...

Mais toi qui me lis, que répondrais-tu à la place de Jane?

Alors Jane regarde madame Pauline bien en face et lui répond: «Je dois, avant tout, demander la permission à mes parents. Je reviens tout de suite.» La maman de Jane, prudente, est revenue avec sa fille. Elle tient à rencontrer la dame au serin. Finalement, les deux personnes qui voisinaient sans même se connaître sont ravies de faire connaissance. Et Jane a rendu visite au serin de la dame.

Aux dernières nouvelles, celui-ci serait en «voix» de guérison.

* * *

La fin de cette histoire est heureuse. Mais n'est-ce pas surtout grâce au bon réflexe de Jane: celui de prévenir sa mère avant d'accepter l'invitation d'une personne inconnue, même si elle lui est familière?

Stéphane n'est pas dupe

Lorsque Stéphane et sa mère sont arrivés devant l'école, celle-ci était encore presque déserte. Seule, une fenêtre du secrétariat était éclairée. «Stéphane, tu sais que je suis pressée aujourd'hui, avait dit maman. Je dois repartir tout de suite. Attends ici l'arrivée des autres. C'est l'affaire d'une dizaine de minutes.

«Surtout, ne t'éloigne pas!» avait-elle encore ajouté en démarrant.

Et voilà Stéphane seul, assis sur son sac d'écolier, le dos appuyé à la grille, face à l'école. «C'est comme si elle dormait encore», se dit-il, impressionné par le silence inhabituel du lieu.

«Allô!» dit tout à coup une voix derrière lui. D'un bond, Stéphane est debout. Il se retourne, surpris. Un grand jeune homme est là, les deux mains sur le bord de la grille. Il regarde Stéphane en souriant.

«Ce n'est pas prudent pour un petit garçon comme toi de rester là tout seul, continue-t-il. Viens donc attendre chez moi. C'est tout près. Je suis certain que nous pourrons devenir de grands amis, nous deux! Et quand il sera temps, je te ramènerai.» Dans la tête de Stéphane passe une véritable tempête d'idées et d'impressions confuses.

Voilà une proposition bien tentante, mais...

Toi, que déciderais-tu si tu étais Stéphane? Encercle la ou les bonnes réponses.

Stéphane n'est pas dupe.

Pas d'hésitation! «NON!» hurle Stéphane. Et, abandonnant son sac d'école et sa boîte à lunch, il court de toutes ses forces vers l'école où il s'engouffre à grand bruit. Presque aussitôt, deux ou trois personnes qui travaillaient dans les bureaux arrivent et le questionnent. Stéphane raconte son aventure et...

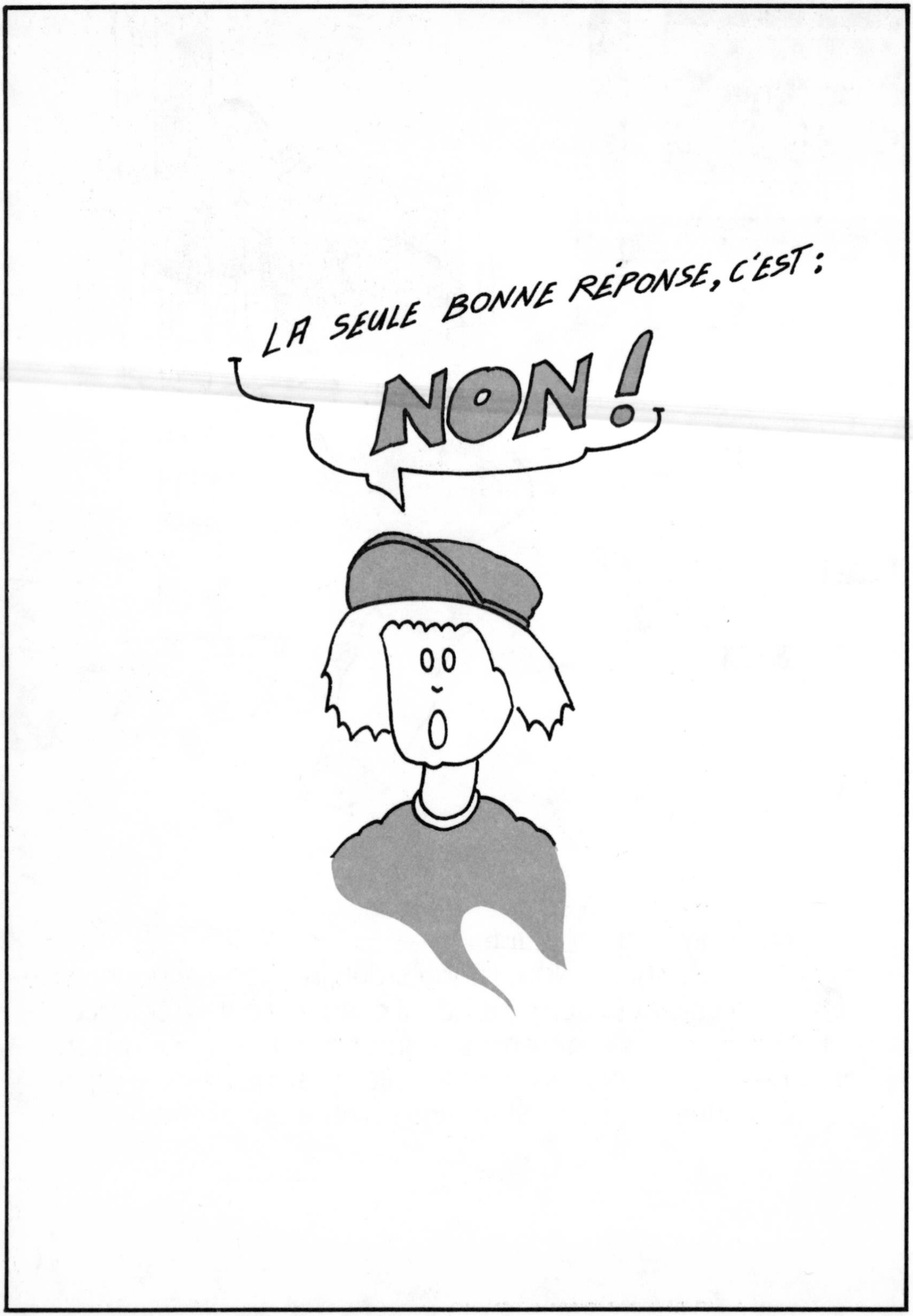
LA SEULE BONNE RÉPONSE, C'EST :
NON !

Martine

Toujours en retard

Ce soir, Martine sera une fois de plus la dernière à quitter le vestiaire du centre sportif.

Le reste de l'équipe est déjà dehors!

Comme d'habitude, les choses se sont liguées contre elle. Aujourd'hui, c'est la fermeture éclair de son anorak qui a décidé de rester coincée.

«Vas-tu bouger à la fin!» grogne Martine en tirant rageuse-
ment sur la glissière.

«Allons... ne t'énerve pas... prends ton temps... rien ne
presse», dit derrière elle la voix familière de Gabriel,
l'entraîneur de l'équipe.

Ah, mais tu me donnes une idée», reprend-il après un
court silence. «Peut-être pourrais-tu m'aider à ranger le local.
Ce serait vraiment gentil de ta part. Et puis, on jasera tout en
travaillant. Ensuite... et bien ensuite... je te reconduirai chez
toi en voiture.»

Laquelle, de ces trois solutions, conseillerais-tu à Martine?

Clic! Un petit quelque chose dans la demande de Gabriel a mis Martine en alerte. Des avertissements lui viennent en mémoire... Pas d'hésitation! Martine empoigne son sac et sort en claironnant:

NON, JE NE M'ATTARDE PAS! SALUT!

JE N'ACCEPTE JAMAIS DE PROPOSITION! JE RENTRE TOUJOURS DIRECTEMENT À LA MAISON!

Martin

Le chemin convenu

53

L'école est juste en face d'un parc.

Le parc est plein d'oiseaux et d'écureuils. La cour de l'école est pleine d'enfants. C'est la fin d'une belle journée.

Tout le monde rentre chez soi, à pied, en autobus ou en voiture.

Tous, sauf Martin et quelques amis dont le logement est à deux pas. On s'amuse beaucoup dans la cour de l'école. Les parties de balle se succèdent.

Les heures aussi!

Martin, subitement, se rend compte de l'heure tardive. Il doit rentrer chez lui, de l'autre côté du parc, sans plus tarder!

Il y a plusieurs façons, mais...?

Es-tu capable de m'indiquer le chemin que doit prendre Martin?

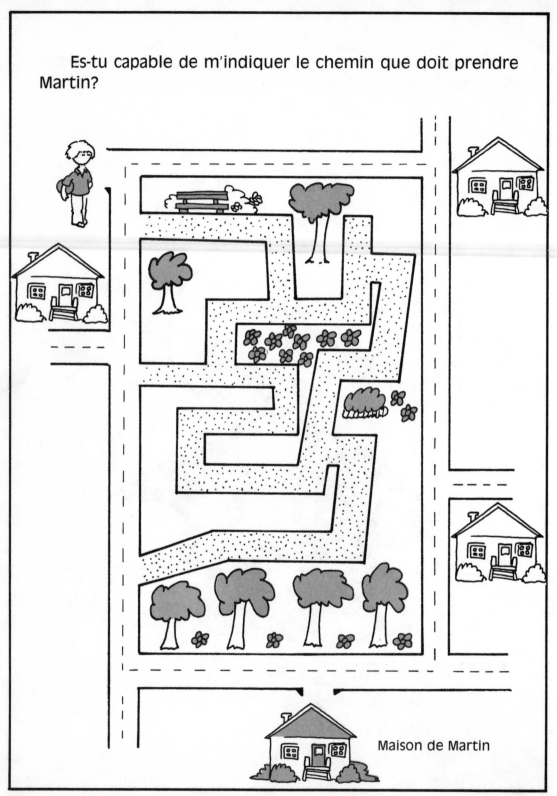

Maison de Martin

Martin prend sa décision très vite. Il rentre chez lui, au plus vite, par le chemin habituel. C'est-à-dire en contournant le parc.

Traverser le parc est vraiment la chose à ne pas faire... Se mettre en retard aussi!

MÊME EN RETARD, JE PRENDS TOUJOURS LE CHEMIN CONVENU AVEC MES PARENTS!

Nathalie et Jean-Louis

Le mot de passe

Ainsi vont chantant
Nathalie et Jean-Louis
Un pied sur le trottoir
L'autre dans la rigole

À l'ombre des grands érables
Les passants sont rares
Et les voitures aussi
Dans la rue tranquille

Il est cinq heures
L'heure du souper
Nathalie et Jean-Louis
Rentrent à la maison

Verte est aussi la voiture
Qui lentement s'approche
Et si prenante est la voix
Qui les invite à monter

Vite, les enfants, embarquez!
Vos parents ont eu un accident
C'est eux qui m'envoient vous
                      chercher
Ils ont besoin de vous

Les deux enfants restent figés
Le coeur battant ils se regardent
Papa, maman... un accident?
Un accident à la maison!

Déjà l'un d'eux s'avance
Mais l'autre se souvenant
Le retient et s'écrie:

«Vroum!» a grogné très fort la voiture verte
en s'éloignant à toute vitesse.

JEUX-ÉNIGMES

REPLACE LES LETTRES
EN ORDRE !
TU TROUVERAS LE...